JN059681

フランス語聖書
なぞるだけ

宮崎伸治

LE LIVRE DE CALLIGRAPHIE
DE LA BIBLE FRANÇAISE

雷鳥社

活用方法

3 子供のように素直になる

❶ よく聞きなさい。心をいれかえて幼な子¹のよう
になならなければ、天国にはいることはできない
であろう。この幼な子のように自分を低くする
者が、天国でいちばん偉いのである。

(マタイによる福音書 18:3-4)

❸ ✎ 単語・熟語 (書いて覚えよう)

en vérité	本当に
se convertir (← se convertissez)	変わる
devenir (← devenez)	〜になる
petit	小さい
enfant	子供
entrer (← entrerez)	入る
royaume	国
ciel	天国
quiconque	〜する者は誰でも
humble	控え目な

❼ 🔊 ワンポイントアドバイス

quiconque は、一般には男性単数として扱われますが、女性を指していることが明らかな場合には関係する形容詞や過去分詞を女性形にすることがあります。

❶ご紹介する聖句 (日本語) です。
❸単語・熟語の薄文字をなぞりましょう。
❼ワンポイントアドバイスに目を通しましょう。

❾ 自分は高慢になっていないか自問してみよう。
幸せになりたければ、子供のように素直になろう。

❹❽

Je vous le dis en vérité, si vous ne vous convertissez et si

vous ne devenez comme les petits enfants, vous n'entrerez

pas dans le royaume des cieux. C'est pourquoi, quiconque

se rendra humble comme ce petit enfant sera le plus grand

dans le royaume des cieux.

❺

❻

 1　権力を持つことが神の国に入る条件にはなっていないこと、むしろ従順さのほうが大切であることをイエスは説いた。

15

❷聖句に関わる私のメッセージです。

❹聖句（フランス語）を精読しましょう。

❺聖句の薄文字をなぞり、美しく書く練習をしましょう。

❻聖句を空欄に書き写し、その後は大学ノートなどに書きましょう。

❽最後に、聖句を音読しましょう。

目　次

第5章　欲を手放す　97

紹介する聖句は『聖書 口語訳』（日本聖書協会）、ウェブサイト『日本語の聖書』の「口語訳聖書」(http://bible.salterrae.net/kougo/html/)、『Bibebook』の「La Sainte Bible」(https://www.bibebook.com/bib/la-sainte-bible) を参照しています。

一部、引用箇所の文意を考え、単語や記号・文末を、省略・変更しています。

はじめに

　私は40代半ばまで聖書とはまったく無縁の生活を送っていました。そんな私が聖書と出逢うや、まるで虜になったかのように繰り返し読むようになり、今では第一の愛読書として他のどの本よりも頻繁に読み返しています。

　聖書には人生を豊かにする教訓が豊富に含まれており、読むたびに心が洗われるような感覚にひたれますし、辛いことや哀しいことを乗り越える糧にもなります。私はそこに大きな魅力を感じています。

　私は聖書に出逢う前から、読んだ本の感銘を受けた箇所に赤線を引き、大学ノートに書き写すことを習慣にしていました。そうすることで、学んだ教訓が頭に定着しやすくなるだけでなく、文章力を磨くことができ、漢字や言葉を正確に覚えられ、字を綺麗に書く練習にもなっています。聖書と出逢ってからは、この習慣をもっぱら聖書で行なうようになりました。今では6か国語の聖書を書き写し、外国語のライティング力をつけることにも役立たせています。

　今回、この習慣を多くの外国語学習者にも体験していただきたいと思い、私が感銘を受けた聖句を抽出し、私のメッセージとともにご紹介する本を作ることにしました。

　本書を使い続けることで、ライティング力の向上を実感していただけるかと思います。書く力をつけるには、実際に手を動かして書くことが不可欠なのです。クリスチャンでない読者の方にはご自身の信条とは異なる聖句もあるかもしれませんが、納得できる聖句を学ぶだけでも十分に役立つことでしょう。ぜひお気に入りの聖句を見つけて書き写してみて下さい。書くことで内容が身体に染み込みますので、本書が皆様の外国語学習の助けとなり、ひいては人生が豊かになるきっかけとなれば、これにまさる喜びはありません。

宮崎伸治

第 1 章
おおらかな心を持つ

1　人を裁かない

　人をさばくな。自分がさばかれないためである。あなたがたがさばくそのさばきで、自分もさばかれ、あなたがたの量るそのはかりで、自分にも量り与えられるであろう。

（マタイによる福音書 7:1-2）

単語・熟語（書いて覚えよう）

juger（← *jugez*）	裁く	*juger*
point	少しも〜ない	*point*
afin que	〜するために	*afin que*
car	なぜなら	*car*
on	人は	*on*
mesurer	はかる	*mesurer*

ワンポイントアドバイス

on は人間一般を示しており、漠然と「人は」「人々は」「誰かが」という意味になります。例えば、Quand on veut, on peut.（人はやる気があればできる。）といった使い方をします。ただし、特定の人を指すこともでき、例えば、On n'a pas peur de vous.（あなたなんか怖くありません。）と使うこともできます。この場合、on は je と同じと見なすことができます。

他人を非難する前に「私は100点満点の人間だろうか」と自問しよう。
もし100点満点の人間でないのなら他人を非難するのは止めよう。
他人を非難していたら、やがてブーメラン効果で自分が非難される。

Ne jugez point, afin que vous ne soyez point jugés.

Car on vous jugera du jugement dont vous jugez,

et l'on vous mesurera avec la mesure dont vous mesurez.

人の過ちを許す

もしも、あなたがたが、人々のあやまちをゆるすならば、あなたがたの天の父も、あなたがたをゆるして下さるであろう。もし人をゆるさないならば、あなたがたの父も、あなたがたのあやまちをゆるして下さらないであろう。

（マタイによる福音書 6:14-15）

 単語・熟語（書いて覚えよう）

pardonner（← *pardonnez*）	許す	pardonner
offense	無礼、侮辱	offense
Père	父なる神	Père
céleste	天の	céleste
aussi	同様に	aussi
mais	しかし	mais

🐦 **ワンポイントアドバイス**

père は英語の father に相当する言葉ですが、「父」以外にも「保護者」「創始者」「先祖」などの意味があります。最初の p を大文字にして Père とすればキリスト教における「父なる神」という意味になります。
père を使った別の表現を挙げておきましょう。

le père Noël　サンタクロース

père légal　法律上の父

père naturel　私生児の父

père putatif　推定上の父

père adoptif　養父

nos pères　我らが祖先

この世に失敗しない人などいない。
他人の失敗は大目に見てあげよう。
あなたが大目に見てあげたら、あなたが失敗しても大目に見てもらえる。

Si vous pardonnez aux hommes leurs offenses,
votre Père céleste vous pardonnera aussi; mais si
vous ne pardonnez pas aux hommes, votre Père ne
vous pardonnera pas non plus vos offenses.

3　子供のように素直になる

よく聞きなさい。心をいれかえて幼な子[1]のように
ならなければ、天国にはいることはできない
であろう。この幼な子のように自分を低くする
者が、天国でいちばん偉いのである。

（マタイによる福音書 18:3-4）

単語・熟語（書いて覚えよう）

en vérité	本当に	
se convertir（← se convertissez）	変わる	
devenir（← devenez）	～になる	
petit	小さい	
enfant	子供	
entrer（← entrerez）	入る	
royaume	国	
ciel	天国	
quiconque	～する者は誰でも	
humble	控え目な	

ワンポイントアドバイス

quiconque は、一般には男性単数として扱われますが、女性を指していることが明らかな場合には関係する形容詞や過去分詞を女性形にすることがあります。

Je vous le dis en vérité, si vous ne vous convertissez et si vous ne devenez comme les petits enfants, vous n'entrerez pas dans le royaume des cieux. C'est pourquoi, quiconque se rendra humble comme ce petit enfant sera le plus grand dans le royaume des cieux.

1　権力を持つことが神の国に入る条件にはなっていないこと、むしろ従順さのほうが大切であることをイエスは説いた。

4 善を積む

怠惰な者を戒め、小心な者を励まし、弱い者を助け、すべての人に対して寛容でありなさい。だれも悪をもって悪に報いないように心がけ、お互に、またみんなに対して、いつも善を追い求めなさい。

(テサロニケ人への第一の手紙 5:14-15)

🪶 単語・熟語（書いて覚えよう）

avertir (← *avertissez*)	警告する	*avertir*
désordre	無秩序	*désordre*
consoler (← *consolez*)	慰める	*consoler*
abattu	落胆した	*abattu*
faible	弱い	*faible*
patience	忍耐	*patience*
tout	すべて	*tout*
prendre garde	用心する	*prendre garde*
autrui	他人	*autrui*
poursuivre (← *poursuivez*)	追求する	*poursuivre*
toujours	いつも	*toujours*

何が起きようが、何をされようが、
善い人間になろうという気持ちを常に忘れずにいよう。

Avertissez ceux qui vivent dans le désordre, consolez ceux qui sont abattus, supportez les faibles, usez de patience envers tous. Prenez garde que personne ne rende à autrui le mal pour le mal; mais poursuivez toujours le bien, soit entre vous, soit envers tous.

🌀 ワンポイントアドバイス

ceux は「〜のもの」「〜の人々」を意味します。ただし、これは男性複数形のときに使い、男性単数形のときは celui、女性単数形のときは celle、女性複数形のときは celles を使います。

5 自分ではなく、隣人を喜ばせる

わたしたち強い者は、強くない者たちの弱さをになうべきであって、自分だけを喜ばせることをしてはならない。わたしたちひとりびとりは、隣り人の徳を高めるために、その益を図って彼らを喜ばすべきである。キリストさえ、ご自身を喜ばせることはなさらなかった。

（ローマ人への手紙 15:1-3）

単語・熟語（書いて覚えよう）

fort	強い	*fort*
devoir（← *devons*）	～しなければならない	*devoir*
supporter	支援する	*supporter*
faiblesse	弱さ	*faiblesse*
se complaire	満足を見いだす	*se complaire*
prochain	隣人、同胞	*prochain*
en vue de	～のために	*en vue de*
édification	啓蒙	*édification*
lui-même	彼自身	*lui-même*

ワンポイントアドバイス

助動詞の devoir は「義務・必要」を表す単語で、以下のとおり活用します。

je dois, tu dois, il doit, nous devons, vous devez, ils doivent

Nous qui sommes forts, nous devons supporter les faiblesses de ceux qui ne le sont pas, et ne pas nous complaire en nous-mêmes. Que chacun de nous complaise au prochain pour ce qui est bien en vue de l'édification. Car Christ ne s'est point complu en lui-même.

Nous qui sommes forts, nous devons supporter les faiblesses de ceux qui ne le sont pas, et ne pas nous complaire en nous-mêmes. Que chacun de nous complaise au prochain pour ce qui est bien en vue de l'édification. Car Christ ne s'est point complu en lui-même.

6 見返りを期待しない

敵を愛し、人によくしてやり、また何も当てにしないで貸してやれ。そうすれば受ける報い[2]は大きく、あなたがたはいと高き者の子[3]となるであろう。いと高き者は、恩を知らぬ者にも悪人にも、なさけ深いからである。

（ルカによる福音書 6:35）

🪶 単語・熟語（書いて覚えよう）

aimer（← aimez）	愛する	aimer
ennemi	敵	ennemi
faire（← faites）	する	faire
prêter（← prêtez）	貸す	prêter
sans	～なしに	sans
espérer	期待する	espérer
récompense	報酬	récompense
grande	大きい	grande
très	とても	très
haut	高い	haut
ingrat	恩知らずな	ingrat
méchant	意地悪な	méchant

人に善行を行なうときは、返礼を期待せずに行なおう。
返礼を期待せずに行なえば、かえって大きな報いがある。

Aimez vos ennemis, faites du bien, et prêtez sans rien espérer. Et votre récompense sera grande, et vous serez fils du Très-Haut, car il est bon pour les ingrats et pour les méchants.

🌀 ワンポイントアドバイス

「sans に動詞の原形」で「〜せずに」という意味になりますが、前置詞として「〜なしに」という意味でも使われます。例 repas sans sel（塩分抜きの食事）。

2　ここにおける「報い」とは、神によって与えられる自由な無償の報酬のことである。「報い」を望むことは、正しい行為の動機とはならないことを聖書は教えてくれている。

3　ここでいう「子」とは年齢的に「子供」という意味ではなく、「神の家族の一員」という意味である。

7 非難を遠ざける

わたしはあなたがたに言う。兄弟[4]に対して怒る者は、だれでも裁判を受けねばならない。兄弟にむかって愚か者と言う者は、議会に引きわたされるであろう。また、ばか者と言う者は、地獄の火に投げ込まれるであろう。

(マタイによる福音書 5:22)

🪶 **単語・熟語**（書いて覚えよう）

colère	怒り	*colère*
mériter（← mérite）	～に値する	*mériter*
raca	愚か者	*raca*
sanhédrin	衆議会	*sanhédrin*
insensé	ばかげた	*insensé*
feu	火	*feu*
géhenne	地獄	*géhenne*

🐦 **ワンポイントアドバイス**

géhenne はここでは「地獄」と訳されていますが、この単語は聖書で使われる「ゲヘナ」という「地獄」のことを指す言葉であり、一般的に「地獄」という場合は enfer を使います。

仲間を馬鹿にするのは止めよう。
仲間に対して怒るのは止めよう。

Je vous dis que quiconque se met en colère contre son frère mérite d'être puni par les juges; que celui qui dira à son frère: Raca! mérite d'être puni par le sanhédrin; et que celui qui lui dira: Insensé! mérite d'être puni par le feu de la géhenne.

4　ここでの「兄弟」は一般的に同胞あるいは仲間を指す。

8 知性と理性を磨く

わたしはこう祈る。あなたがたの愛[5]が、深い知識において、するどい感覚において、いよいよ増し加わり、それによって、あなたがたが、何が重要であるかを判別することができるように。

（ピリピ人への手紙 1:9-10）

単語・熟語（書いて覚えよう）

demander（← *demande*）	願う	*demander*
prière	祈り	*prière*
amour	愛	*amour*
augmenter（← *augmente*）	増す	*augmenter*
de plus en plus	ますます	*de plus en plus*
connaissance	知識	*connaissance*
discernement	分別	*discernement*
chose	物	*chose*
meilleur	よりよい	*meilleur*

ワンポイントアドバイス

de plus en plus は「より多く」という意味で使います。「より少なく」は de moins en moins、「ますますよく」は de mieux en mieux、「ますます悪く」は de mal en pis を使います。

Et ce que je demande dans mes prières, c'est que votre amour augmente de plus en plus en connaissance et en pleine intelligence pour le discernement des choses les meilleures.

Et ce que je demande dans mes prières, c'est que votre amour augmente de plus en plus en connaissance et en pleine intelligence pour le discernement des choses les meilleures.

5　キリスト教における「愛」は、感情に影響されたものではなく、理性に基づくものであり、愛するためには成長と成熟が要求される。

9 要らない人はいない

目は手にむかって、「おまえはいらない」とは
言えず、また頭は足にむかって、「おまえはい
らない」とも言えない。そうではなく、むしろ、
からだのうちで他よりも弱く見える肢体が、か
えって必要なのです。

(コリント人への第一の手紙 12:21-22)

 単語・熟語（書いて覚えよう）

oeil	目	*oeil*
pouvoir (← *peut*)	〜できる	*pouvoir*
main	手	*main*
besoin	必要性	*besoin*
tête	頭	*tête*
pied	足	*pied*
plutôt	むしろ	*plutôt*
corps	体	*corps*
paraître (← *paraissent*)	〜のように見える	*paraître*

私たちは、みな、一心同体。
他人が苦しむのは自分が苦しむことであり、
他人が喜ぶのは自分が喜ぶこと。

L'oeil ne peut pas dire à la main: Je n'ai pas besoin de toi; ni la tête dire aux pieds: Je n'ai pas besoin de vous. Mais bien plutôt, les membres du corps qui paraissent être les plus faibles sont nécessaires.

🌀 ワンポイントアドバイス

corps は「体」という意味ですが、これに別の単語をつければ、さまざまな意味を表すことができます。例えば、corps céleste で「天体」、corps simple で「単体」、corps composé で「化合物」、corps liquide で「液体」、corps étranger で「異物」などです。

10 他人を大切にする

互に愛し合うことの外は、何人にも借りがあってはならない。人を愛する者は、律法[6]を全うするのである。（略）どんな戒めがあっても、結局「自分を愛するようにあなたの隣り人を愛せよ」というこの言葉に帰する。

(ローマ人への手紙 13:8-9)

単語・熟語（書いて覚えよう）

accomplir（← *accompli*)	成し遂げる	*accomplir*
en effet	事実上は	*en effet*
commandement	掟	*commandement*
encore	なお	*encore*
se résumer（← *se résument*)	要約される	*se résumer*

ワンポイントアドバイス

commandement は「命令」「支配」「司令官」などの意味がありますが、ここでは「（神の）掟」という意味で使われています。「十戒」というときは les dix commandements といいます。

Ne devez rien à personne, si ce n'est de vous aimer les uns les autres; car celui qui aime les autres a accompli la loi. En effet, les commandements (...) [7] et ceux qu'il peut encore y avoir, se résument dans cette parole: Tu aimeras ton prochain comme toi-même.

---

6 「律法」の原語「トーラー」には「教え」という意味があり、ここでいう「律法」も単なる法律のことではなく、神の聖なる意志の啓示を意味している。

7 原典では commandements の例として、Tu ne commettras point d'adultère, tu ne tueras point, tu ne déroberas point, tu ne convoiteras point が挙げられているが、ここでは略してある。

聖書の基礎知識 ❶

［ キリスト教 ］

　キリスト教はイスラム教、仏教と並ぶ世界三大宗教の一つに数えられており、ローマ・カトリック教会、東方正教会、プロテスタント諸教会の３つの流れがあります。その信徒数は世界最大といわれ、キリスト教の正典である聖書も、世界史上最も多くの人に読まれています。

　キリスト教は、人類の罪を救済するために十字架につき、のちに復活したイエスをキリスト（救世主）と信じる宗教です。ユダヤ教を母体として１世紀中心ごろパレスチナに起こり、４世紀末にローマ帝国の国教となり、欧米を中心に世界に広まりました。

［ 旧約聖書と新約聖書 ］

　キリスト教の正典である『聖書』は旧約聖書と新約聖書に分かれています。この２つの成り立ちは大きく違っており、旧約聖書はイエス・キリスト以前のことがおもにヘブライ語で書かれており、新約聖書はイエス・キリストと弟子たちのことがギリシャ語で書かれています。ちなみにユダヤ教では旧約聖書のみを正典としています。

　旧約・新約の「約」とは、神と人間との契約を意味しており、「旧約」とは「神がモーセ⁸を通して人類に与えた契約」、「新約」とは「神がイエス・キリストをもって新たに人類に与えた契約」を意味しています。

　旧約聖書は全39巻で、「モーセ五書」「歴史書」「詩書・文学書」「預言書」からなります。一方、旧約聖書を受け継いだ新約聖書は全27巻で、「福音書」「歴史書」「パウロ書簡」「公同書簡」「黙示文学」からなります。

8　紀元前13世紀ごろのイスラエル民族の指導者。

第 2 章

ひと呼吸おく

悪い言葉は使わない

悪い[1] 言葉をいっさい、あなたがたの口から
出してはいけない。必要があれば、人の徳
を高めるのに役立つような言葉を語って、聞
いている者の益になるようにしなさい。

（エペソ人への手紙 4:29）

🪶 **単語・熟語**（書いて覚えよう）

sortir	外へ出す	sortir
votre	あなたたちの	votre
aucun	どんな〜も	aucun
s'il y a lieu	必要があれば	s'il y a lieu
servir	〜の役に立つ	servir
communiquer（← communique）	伝える	communiquer
entendre（← entendent）	聞く	entendre

🐦 **ワンポイントアドバイス**

aucun に続く名詞は数えられる名詞か抽象名詞であり、物質名詞は用いません。例えば、「お金がまったくない。」は Je n'ai aucun argent. とはいわず、Je n'ai pas du tout d'argent. といいます。また、一般に aucun は単数形で使います（複数形を使うのは、単数形のない名詞や、単数形では意味が違ってしまう名詞の場合だけです）。

Qu'il ne sorte de votre bouche aucune parole
mauvaise, mais, s'il y a lieu, quelque bonne parole,
qui serve à l'édification et communique une grâce
à ceux qui l'entendent.

1　ここでいう「悪い」とは「腐っている」という意味としても解釈できる言葉である。

12 すぐに怒らない

愛する兄弟たちよ。このことを知っておきなさい。人はすべて、聞くに早く、語るにおそく、怒るにおそくあるべきである。人の怒り[2]は、神の義を全うするものではないからである。

(ヤコブの手紙 1:19-20)

🪶 単語・熟語 (書いて覚えよう)

savoir (← *sachez*)	知る	*savoir*
bien-aimé	愛する人	*bien-aimé*
homme	人間、男	*homme*
prompt	すばやい	*prompt*
écouter	聞く	*écouter*
lent	のろい	*lent*
parler	話す	*parler*
Dieu	神	*Dieu*

🕊 ワンポイントアドバイス

bien-aimé は「愛する人」や「最愛の人」に相当する言葉で、fils bien-aimé といえば「最愛の息子」となります。le Bien-aimé と b を大文字にすれば、キリストのことを指します。

*Sachez-le, mes frères bien-aimés. Ainsi, que tout
homme soit prompt à écouter, lent à parler, lent
à se mettre en colère; car la colère de l'homme
n'accomplit pas la justice de Dieu.*

2　「怒り」には「人の怒り」と「神の怒り」とがある。「神の怒り」とは、人間が神の愛と真実の意志に背いたときに、神が
　　人間に対して示す " 聖なる現れ " のことである

13 発言に責任を持つ

あなたがたに言うが、審判の日[3]には、人はその語る無益な言葉[4]に対して、言い開きをしなければならないであろう。あなたは、自分の言葉によって正しいとされ、また自分の言葉によって罪ありとされるからである。

(マタイによる福音書 12:36-37)

単語・熟語（書いて覚えよう）

dire (← *dis*)	言う	*dire*
jugement	裁判、判決	*jugement*
rendre (← *rendront*)	返す	*rendre*
compte	釈明	*compte*
parole	発言	*parole*
vaine	無駄な	*vaine*
proférer (← *proférée*)	発言する	*proférer*
justifier (← *justifié*)	正当化する	*justifier*
condemner (← *condamné*)	罪のあることを示す	*condemner*

ワンポイントアドバイス

tout は「すべて」という意味の形容詞ですが、女性形は toute、男性複数形は tous、女性複数形では toutes となります。

無益な言葉を吐けば、その責任は必ず取らなければならなくなる。
無益な言葉はけっして吐かないよう注意しよう。

*Je vous le dis: au jour du jugement, les hommes
rendront compte de toute parole vaine qu'ils auront
proférée. Car par tes paroles tu seras justifié,
et par tes paroles tu seras condamné.*

---

3 最後の審判の日（世界の終焉後に人間が生前の行ないを審判され、天国行きか地獄行きを決められる日）のことを指している。
4 訳本によっては「つまらない言葉」と訳されている。

14 愚かで無知な議論は避ける

あなたは若い時の情欲[5]を避けなさい。そして、きよい心を
もって主を呼び求める人々と共に、義と信仰と愛と平和とを
追い求めなさい。愚かで無知な論議をやめなさい。それは、
あなたが知っているとおり、ただ争いに終るだけである。

（テモテへの第二の手紙 2:22-23）

単語・熟語（書いて覚えよう）

fuir	逃げる	*fuir*
jeunesse	若さ	*jeunesse*
rechercher（← recherche）	追い求める	*rechercher*
paix	平和	*paix*
invoquer（← invoquent）	祈願する	*invoquer*
Seigneur	神	*Seigneur*
repousser（← repousse）	拒絶する	*repousser*
fou（← folles）	気の狂った	*fou*
inutile	役に立たない	*inutile*
naître	生まれる	*naître*

ワンポイントアドバイス

seigneur には「領主」「貴族」「富豪」などの意味もありますが、le Seignuer と使えば、キリスト教でいう
「神」という意味になります。

Fuis les passions de la jeunesse, et recherche la justice, la foi, la charité, la paix, avec ceux qui invoquent le Seigneur d'un coeur pur. Repousse les discussions folles et inutiles, sachant qu'elles font naître des querelles.

5　ここでいう「若いときの情欲」とは、偽りの教え、自己抑制の欠如、神を愛するよりも快楽を愛することなどを指す。

15 復讐は自分を苦しめる

『目には目を、歯には歯を』[6] と言われていたことは、あなたが
たの聞いているところである。 しかし、わたしはあなたがた
に言う。 悪人に手向かうな。 もし、だれかがあなたの右の
頬を打つ[7]なら、ほかの頬をも向けてやりなさい。

（マタイによる福音書 5:38-39）

単語・熟語（書いて覚えよう）

apprendre（← *appris*）	覚える	*apprendre*
dent	歯	*dent*
résister	逆らう	*résister*
frapper	打つ	*frapper*
joue	頬	*joue*
présenter	差し出す	*présenter*

ワンポイントアドバイス

je, me, moi は「私」に相当する1人称単数です。

tu, te, toi は「君」に相当する「聞き手」を指しますが、家族や友人などの親しい間柄の人や子供が相手の
ときに使います。

nous は「私たち」に相当する「話し手」を含む複数の人を指します。

vous は「君たち」に相当する「聞き手」を含む複数の人を指しますが、1人の「聞き手」に対して距離を取っ
て接する場合にも使います。

Vous avez appris qu'il a été dit: oeil pour oeil, et dent pour dent. Mais moi, je vous dis de ne pas résister au méchant. Si quelqu'un te frappe sur la joue droite, présente-lui aussi l'autre.

6　ハムラビ法典の言葉。法思想としては同害刑法と呼ばれるもので、歯止めのない報復よりは進歩していると評価されることもあるが、近代法としては容認できるものではない。

7　頬を打つの「打つ」に相当するギリシャ語は「手の甲で打つ」である。手の甲で打たれることは暴力を振るわれる以上の甚だしい侮辱と見なされていた。

16 結婚は自分で判断する

人は現状にとどまっているがよい。もし妻に結ばれているなら、解こうとするな。妻に結ばれていないなら、妻を迎えようとするな。しかし、たとい結婚[8]しても、罪を犯すのではない。また、おとめが結婚しても、罪を犯すのではない。

（コリント人への第一の手紙 7:26-28）

単語・熟語（書いて覚えよう）

ainsi	そのように	*ainsi*
lié	結ばれた	*lié*
femme	妻	*femme*
chercher（← *cherche*）	自ら求める	*chercher*
rompre	（関係などを）断つ	*rompre*
se marier	結婚する	*se marier*
vierge	処女	*vierge*

ワンポイントアドバイス

marier は「結婚させる」という意味であり、「結婚する」という場合は se marier となります。次ページの仏語聖句では、tu t'es marié となっていますが、これは "単なる仮定" を意味する si と共に使われており、te marier の直説法複合過去形になっています。

8　聖書の結婚観の原則は一夫一婦である（創世記 2:18-24、マタイによる福音書 19:5、コリント人への第一の手紙 6:16）。

結婚については、冷静に自分で判断しよう。
他人にアドバイスをもらっても、最終的に決めるのは自分。

Il est bon à un homme d'être ainsi. Es-tu lié à une femme, ne cherche pas à rompre ce lien; n'es-tu pas lié à une femme, ne cherche pas une femme. Si tu t'es marié, tu n'as point péché; et si la vierge s'est mariée, elle n'a point péché.

Il est bon à un homme d'être ainsi. Es-tu lié à une femme, ne cherche pas à rompre ce lien; n'es-tu pas lié à une femme, ne cherche pas une femme. Si tu t'es marié, tu n'as point péché; et si la vierge s'est mariée, elle n'a point péché.

17 不当な苦しみでも耐え忍ぶ

もしだれかが、不当な苦しみを受けても、神を仰いでその苦痛を耐え忍ぶ[9]なら、それはよみせられる[10]ことである。悪いことをして打ちたたかれ、それを忍んだとしても、なんの手柄になるのか。

(ペテロの第一の手紙 2:19-20)

単語・熟語（書いて覚えよう）

grâce	神の恩寵	grâce
affliction	苦悩	affliction
motif	理由	motif
conscience	意識	conscience
envers	〜に対する	envers
injustement	不公平に	injustement
gloire	手柄	gloire
mauvais	悪い	mauvais
traitement	取り扱い	traitement

ワンポイントアドバイス

一神教、特にユダヤ教やキリスト教の神の場合は、Dieu と最初の d を大文字として無冠詞で使います。ただし、限定されれば定冠詞をつけます。

不当な苦しみを受けても、嘆かず、耐え忍ぼう。
それができれば大きな報酬が得られる。

Car c'est une grâce que de supporter des afflictions
par motif de conscience envers Dieu, quand on souffre
injustement. En effet, quelle gloire y a-t-il à supporter de
mauvais traitements pour avoir commis des fautes?

Car c'est une grâce que de supporter des afflictions
par motif de conscience envers Dieu, quand on souffre
injustement. En effet, quelle gloire y a-t-il à supporter de
mauvais traitements pour avoir commis des fautes?

9　不当に思える苦痛であっても、その苦痛に耐えるのが神の意志であれば、素直に従うべきだと解釈できる。
10　「よみする」とは「よしとしてほめたたえる」という意味である。なお、『新訳聖書スタディ版』では「よみせられる」の
　　箇所が「御心に適う」という訳になっている。

18 ふたりだけのときに指摘する

もしあなたの兄弟[11]が罪を犯すなら、行って、彼とふたりだけの所[12]で忠告しなさい。もし聞いてくれたら、あなたの兄弟を得たことになる。もし聞いてくれないなら、ほかにひとりふたりを、一緒に連れて行きなさい。

(マタイによる福音書 18:15-16)

単語・熟語（書いて覚えよう）

péché	（宗教上の）罪	*péché*
aller（← va）	行く	*aller*
reprendre（← reprends）	しかる	*reprendre*
gagner（← gagné）	得る	*gagner*
prendre（← prends）	取る	*prendre*

 ワンポイントアドバイス

frère は英語の brother に相当する単語であり、「兄弟」という意味です。英語の brother と同じように、frère だけでは「兄」なのか「弟」なのかがわからないため、「兄」の場合は frère aîné と、「弟」の場合は frère cadet といいます。口語では「兄」を grand frère、「弟」を petit frère といいます。また frère には「兄弟」以外にも「友達」や「仲間」という意味もあります。

Si ton frère a péché, va et reprends-le entre toi et lui seul. S'il t'écoute, tu as gagné ton frère. Mais, s'il ne t'écoute pas, prends avec toi une ou deux personnes.

11　信者のことを指している。
12　悪い噂が広まるのを防ぐために配慮せよという意味である。

19 復讐は神に任せる

愛する者たちよ。自分で復讐をしないで、むしろ、神の怒りに任せなさい。なぜなら、「主が言われる。復讐はわたしのすることである。わたし自身が報復する」[13] と書いてあるからである。むしろ、「もしあなたの敵が飢えるなら、彼に食わせ、かわくなら、彼に飲ませなさい。（略）」。

(ローマ人への手紙 12:19-20)

単語・熟語（書いて覚えよう）

venger（← *vengez*）	復讐する	*venger*
laisser（← *laissez*）	任せる	*laisser*
agir	振る舞う	*agir*
vengeance	復讐	*vengeance*
rétribution	報い	*rétribution*
faim	空腹	*faim*
manger	食べる	*manger*
soif	喉の渇き	*soif*
boire	飲む	*boire*

ワンポイントアドバイス

vengeance céleste または vengeance divine で「天罰」という意味になります。ことわざに La vengeance est un plat qui se mange froid.（仕返しをするにはじっくり時を待たねばならない。）というのがあります。直訳すれば、「仕返しは冷まして食べる料理だ。」です。

復讐したくなっても、けっして復讐しないようにしよう。
神が悪人を罰しないわけはないのだから、私たちが報復する必要はない。

Ne vous vengez point vous-mêmes, bien-aimés,
mais laissez agir la colère; car il est écrit: A moi
la vengeance, à moi la rétribution, dit le Seigneur.
Mais si ton ennemi a faim, donne-lui à manger; s'il
a soif, donne-lui à boire (...).

13　これとほぼ同じ言葉が、ヘブル人への手紙 10:30 にも「『復讐はわたしのすることである。わたし自身が報復する』と言われ、また、『主はその民をさばかれる』」と書かれてある。ただしこの箇所における「復讐」は神が不信仰な者に対して加える天罰の意味である。

言葉で人生の舵を取る

また船を見るがよい。船体が非常に大きく、また激しい風に吹きまくられても、ごく小さなかじ[14]一つで、操縦者の思いのままに運転される。それと同じく、舌は小さな器官ではあるが、よく大言壮語する。

(ヤコブの手紙 3:4-5)

単語・熟語 (書いて覚えよう)

même	〜でさえも	même
navire	船	navire
pusser (← poussent)	かりたてる	pusser
vent	風	vent
impétueux	激しい	impétueux
diriger (← dirigés)	指揮する	diriger
gouvernail	(船の) 舵	gouvernail
au gré du	〜の好みのままに	au gré du

ワンポイントアドバイス

même は形容詞として「同じ」「〜自身」という意味がありますが、次ページのフランス語聖句では「〜でさえも」という副詞として使われています。

14 船の進行方向を定める装置。板状のもので、多くは船尾に取りつけられている。

常にポジティブな言葉を自分に話しかけよう。
そうすれば、言葉の呪縛から解き放たれる。

Voici, même les navires, qui sont si grands et que
poussent des vents impétueux, sont dirigés par un
très petit gouvernail, au gré du pilote. De même,
la langue est un petit membre, et elle se vante de
grandes choses.

聖 書 の 基 礎 知 識 ❷

［ 福音 ］

　「福音」に相当するギリシャ語の「エヴァンゲリオン」は「よい音信をもたらす者」に関することすべてを指します。しかし新約聖書においては、「イエス・キリストによってもたらされた人類の救いと神の国に関する喜ばしい知らせ」を意味します。のちにこの用語はイエスの教えと生涯を記録した書にも適用されるようになりました。

［ 共観福音書とヨハネによる福音書 ］

　４つある福音書のうち「マタイによる福音書」「マルコによる福音書」「ルカによる福音書」は、イエスの描き方などが非常に良く似ているため、共に並べて一緒に観るという意味で「共観福音書」といわれています。
　共観福音書のうち、最初に書かれたのが「マルコによる福音書」で紀元70年前後といわれています。その後、その写本がたくさん作られ、マタイとルカがそれを参考にしてそれぞれ独自の福音書を執筆したと考えられています。「マタイによる福音書」が紀元80年代、「ルカによる福音書」が紀元90年代に成立したと考えられています。
　共観福音書とは別物として扱われている「ヨハネによる福音書」は、ほかの３つとは異なる視点から書かれたもので、紀元100年頃に成立したと考えられています。

第 3 章

姿勢を正す

21 褒めてもらうための努力はしない

あなたは施し[1]をする場合、右の手のしている
ことを左の手に知らせるな。それは、あなた
のする施しが隠れているためである。すると、
隠れた事を見ておられるあなたの父は、報い
てくださるであろう。

(マタイによる福音書 6:3-4)

単語・熟語(書いて覚えよう)

aumône	施し物	aumône
gauche	左の	gauche
droite	右の	droite
se faire (← se fasse)	行なわれる	se faire
secret	秘密の	secret

ワンポイントアドバイス

rendre は「返す」という意味もありますが、「返礼する」や「仕返しをする」という意味でも使います。「施しを受けた時の礼の言葉」として Dieu vous le rendra au centuple.(神が百倍にしてお報いくださるでしょう。)という興味深い表現があります。

褒めてもらうための努力は止めよう。
褒めてもらうためではなく、正しいと思うことのために努力をしよう。

Mais quand tu fais l'aumône, que ta main gauche
ne sache pas ce que fait ta droite, afin que ton
aumône se fasse en secret; et ton Père, qui voit
dans le secret, te le rendra.

1 当時考えられていた 3 つの善行として、貧しい人への施し、祈り、断食があった。ここでは貧しい人への施しを指している。

22 偽りは自分を苦しめる

ある人の罪は明白であって、すぐ裁判にかけ
られるが、ほかの人の罪は、あとになってわ
かって来る。それと同じく、良いわざもすぐ明
らかになり、そうならない場合でも、隠れて
いることはあり得ない[2]。

（テモテへの第一の手紙 5:24-25）

🪶 単語・熟語（書いて覚えよう）

certain	ある	*certain*
manifester	表明する	*manifester*
avant	〜の前に	*avant*
tandis	その間に	*tandis*
chez	〜にあっては	*chez*
découvrir	発見する	*découvrir*
dans la suite	後に	*dans la suite*
oeuvre	活動	*oeuvre*
rester	とどまる	*rester*

🌀 ワンポイントアドバイス

chez は「〜の家に」「〜の店で」という意味で使われることが多いですが、ここでは「〜にあっては」という意味で使われています。

偽りはいつまでも誤魔化しきれるものではない。
偽りで誤魔化そうとするのは止めよう。

Les péchés de certains hommes sont manifestes,
même avant qu'on les juge, tandis que chez d'autres,
ils ne se découvrent que dans la suite. De même,
les bonnes oeuvres sont manifestes, et celles qui ne
le sont pas ne peuvent rester cachées.

2　パウロは、良い行ないをすることだけでなく、隠された罪にも注意しろとアドバイスしている。

23 試練を喜ぶ

わたしの兄弟[3]たちよ。あなたがたが、いろいろな試錬に会った場合、それをむしろ非常に喜ばしいことと思いなさい。あなたがたの知っているとおり、信仰がためされることによって、忍耐が生み出されるからである。

(ヤコブの手紙 1:2-3)

単語・熟語（書いて覚えよう）

comme	〜として	*comme*
sujet	原因	*sujet*
complet（← *complète*）	完全な	*complet*
divers（← *diverses*）	いろいろな	*divers*
épreuves	試練	*épreuves*
exposer（← *exposés*）	（危険に）さらす	*exposer*

ワンポイントアドバイス

comme を「〜として」という意味で使った表現を紹介しておきましょう。

Comme dessert, que prenez-vous?（デザートには何を食べますか。）

試練に遭っても嘆くのは止めよう。
むしろ自分が成長できる機会だと捉え、喜ぼう。

Mes frères, regardez comme un sujet de joie
complète les diverses épreuves auxquelles vous
pouvez être exposés, sachant que l'épreuve de votre
foi produit la patience.

3 ここでいう「兄弟たち」は「キリスト者（イエスをキリストとして信仰する者）」のことを指している。

24 人との関係を築く言葉を使う

あなた自身を良いわざの模範として示し、人を教える場合には、清廉と謹厳とをもってし、非難のない健全な言葉を用いなさい。そうすれば、反対者も、わたしたちについてなんの悪口も言えなくなり、自ら恥じいるであろう。

(テトスへの手紙 2:7-8)

単語・熟語（書いて覚えよう）

montrer（← *montrant*）	見せる	*montrer*
toi-même	君自身で	*toi-même*
à tous égards	あらゆる点で	*à tous égards*
modèle	見本	*modèle*
enseignement	教訓	*enseignement*
digne	威厳のある	*digne*
sain	良好な	*sain*
adversaire	反対者	*adversaire*
confus	恥じ入った	*confus*

清く正しく生きる努力をしよう。
努力していれば、やがてあなたに悪口を言う人も減るだろう。

Te montrant toi-même à tous égards un modèle de
bonnes oeuvres, et donnant un enseignement pur, digne,
une parole saine, irréprochable, afin que l'adversaire soit
confus, n'ayant aucun mal à dire de nous.

ワンポイントアドバイス

---

toi-même は toi の強調形であり、「君自身で」 という意味です。lui-même も同じ意味です。

25 世の中が良くなることをする

あなたがたは、地の塩である。もし塩のききめが
なくなったら、何によってその味が取りもどされよ
うか。もはや、なんの役にも立たず、ただ外に捨
てられて、人々にふみつけられるだけである。あ
なたがたは、世の光[4]である。

（マタイによる福音書 5:13-14）

🪶 単語・熟語（書いて覚えよう）

sel	塩	sel
terre	地上	terre
perdre（← *perd*）	失う	perdre
saveur	味	saveur
jeter（← *jeté*）	投げる	jeter
dehors	外に	dehors
fouler（← *foulé*）	踏みにじる	fouler
lumière	光	lumière

🌀 ワンポイントアドバイス

terre には「地面」「陸地」「場所」「領地」「耕地」などいろいろな意味がありますが、ここでは「地上」
という意味で使われています。この意味で使われている表現として、être sur la terre で「生きている」、
quitter la terre で「死ぬ」というのがあります。

Vous êtes le sel de la terre. Mais si le sel perd sa saveur, avec quoi la lui rendra-t-on? Il ne sert plus qu'à être jeté dehors, et foulé aux pieds par les hommes. Vous êtes la lumière du monde.

4 「光」は「神の栄光」を意味する。

26 内面を磨く

あなたがたは、髪を編み、金の飾りをつけ、服装をととのえるような外面の飾りではなく、かくれた内なる人、柔和で、しとやかな霊という朽ちることのない飾りを、身につけるべきである。

（ペテロの第一の手紙 3:3-4）

単語・熟語（書いて覚えよう）

avoir（← ayez）	持つ	avoir
parure	飾り	parure
extérieur	外側の	extérieur
consister	〜からなる	consister
cheveu	髪の毛	cheveu
tresse	三つ編み	tresse
ornement	装飾	ornement
revêtir（← revêt）	着用する	revêtir
intérieur	内部の	intérieur
caché	隠れた	caché
pureté	純粋さ	pureté
incorruptible	腐敗しない	incorruptible
doux	甘い	doux
paisible	柔和な	paisible

外面を飾ろうとするよりも、内面を磨くことを考えよう。

Ayez, non cette parure extérieure qui consiste dans les cheveux tressés, les ornements d'or, ou les habits qu'on revêt, mais la parure intérieure et cachée dans le coeur, la pureté incorruptible d'un esprit doux et paisible.

ワンポイントアドバイス

non (pas) A mais B は「A ではなく B である」というときに使われます。ここのフランス語聖句では pas が省略されています。

27 人のために行動する

あなたがたは、あすのこともわからぬ身なのだ。
あなたがたのいのちは、どんなものであるか。
あなたがたは、しばしの間あらわれて、たちま
ち消え行く霧にすぎない。むしろ、あなたがたは
「主のみこころであれば、わたしは生きながらえ
もし、あの事この事もしよう」と言うべきである。

（ヤコブの手紙 4:14-15）

単語・熟語（書いて覚えよう）

demain	あす	demain
vapeur	もや	vapeur
ensuite	そのあとで	ensuite
disparaître（← disparaît）	姿を消す	disparaître
au contraire	それどころか	au contraire

ワンポイントアドバイス

devoir は「〜しなければならない」という義務・必要を表す場合、「必ず〜する」という意味、必然・宿命を表す場合、「〜にちがいない」という推定・可能性を表す場合があります。この項目のフランス語聖句では「〜しなければならない」という意味で使われていますが、主語 vous に合わせて、devriez と変化しています。

Vous qui ne savez pas ce qui arrivera demain! car, qu'est-ce que votre vie? Vous êtes une vapeur qui paraît pour un peu de temps, et qui ensuite disparaît. Vous devriez dire, au contraire: Si Dieu le veut, nous vivrons, et nous ferons ceci ou cela.

28 口先だけではなく、実際に行動する

世の富を持っていながら、兄弟が困っているのを
見て、あわれみの心を閉じる者には、どうして神
の愛が、彼のうちにあろうか。子たちよ。わたし
たちは言葉や口先だけで愛するのではなく、行い
と真実とをもって愛し合おうではないか。

(ヨハネの第一の手紙 3:17-18)

単語・熟語（書いて覚えよう）

si	もし～なら	si
posséder（← possède）	所有する	posséder
biens	財産	biens
monde	世界	monde
fermer（← ferme）	閉じる	fermer
entrailles	情	entrailles
comment	どのように	comment
demeurer（← demeure）	住む	demeurer
vérité	真実	vérité

ワンポイントアドバイス

vérité が使われたことわざを挙げておきましょう。

Toutes vérités ne sont pas bonnes à dire.（真実を言うことは必ずしもよいことだとは限らない。）

La vérités passe la renommée.（真実は子供の口から漏れる。）

Si quelqu'un possède les biens du monde, et que, voyant son frère dans le besoin, il lui ferme ses entrailles, comment l'amour de Dieu demeure-til en lui? Petits enfants, n'aimons pas en paroles et avec la langue, mais en actions et avec vérité.

29 良い心を持つ

口から出て行くものは、心の中から出てくるのであって、それが人を汚すのである。というのは、悪い思い、すなわち、殺人、姦淫、不品行、盗み、偽証、誹りは、心の中から出てくるのであって、これらのものが人を汚すのである[5]。

（マタイによる福音書 15:18-20）

単語・熟語（書いて覚えよう）

venir（← *vient*）	来る	*venir*
souiller（← *souille*）	汚す	*souiller*
pensée（← *pensées*）	考え	*pensée*
meurtre（← *meurtres*）	殺人	*meurtre*
impudicité（← *impudicités*）	淫蕩	*impudicité*
vol（← *vols*）	盗み	*vol*
faux	間違った	*faux*
témoignage（← *témoignages*）	証言	*témoignage*
calomnie（← *calomnies*）	中傷	*calomnie*

ワンポイントアドバイス

類義語を覚えましょう。

「思考」= pensée、idée

「意図」= intention、but、vues

「意見」= idée、avis、opinion

「考慮」= considération、égard、réflexion

悪い言葉は悪い心から自然と出てくる。
悪い言葉を吐かないために、悪い心を直そう。
良い心を持てば、自然と良い言葉が出てくる。

Mais ce qui sort de la bouche vient du coeur, et c'est
ce qui souille l'homme. Car c'est du coeur que viennent
les mauvaises pensées, les meurtres, les adultères, les
impudicités, les vols, les faux témoignages, les calomnies.
Voilà les choses qui souillent l'homme.

5　当時の律法では人が食べたり触れたりする物が人を汚すと教えられていた。しかしイエスは人を汚すのは食物ではなく、
　　人の思いや言葉であると説いた。

30 人柄の善し悪しは行動に表れる

悪い実のなる良い木はないし、また良い実のなる悪い木もない。木はそれぞれ、その実でわかる。いばらからいちじく[6]を取ることはないし、野ばらからぶどう[7]を摘むこともない。

（ルカによる福音書 6:43-44）

単語・熟語（書いて覚えよう）

bon	良い	*bon*
arbre	木	*arbre*
porter	持つ	*porter*
chaque	それぞれの	*chaque*
connaître (← *connaît*)	知っている	*connaitre*
cueillir (← *cueille*)	（果実などを）摘む	*cueillir*
figue	イチジク	*figue*
épine	とげ	*épine*
vendange	ぶどう	*vendange*
raisin	ぶどうの実	*raisin*
ronce	キイチゴ	*ronce*

ワンポイントアドバイス

「イエスがかぶった聖なる茨の冠の奇跡」[8] のことを miracle de la sainte épine といいます。

良い人になれば、良い行ないが自然とできるようになる。
良い行ないができるようになりたければ、良い人になる努力をしよう。

Ce n'est pas un bon arbre qui porte du mauvais fruit, ni un mauvais arbre qui porte du bon fruit. Car chaque arbre se connaît à son fruit. On ne cueille pas des figues sur des épines, et l'on ne vendange pas des raisins sur des ronces.

---

6 イエスの時代、イチジクは重要な食料源であった。

7 ぶどうも重要な食料源であり、ぶどう酒を作るのにも使われた。

8 パスカルの姪であるマルグリットペリエが、イエスの茨の冠に触れることで、奇跡的に眼病が癒やされたことをいう。

聖 書 の 基 礎 知 識 ❸

[イエス・キリスト（紀元1年〜紀元33年）]

「イエス・キリスト」というのは人名ではなく、「イエス」は「神は救いで
ある」、「キリスト」は「神によって特別な使命を与えられて派遣された人」
という意味の普通名詞です。歴史上のイエスをいう場合は「ナザレのイエス」
といいます。

イエスはキリスト教の始祖であり、信仰の対象となる存在ですが、彼自身
はキリスト教の教祖とは思っておらず、ユダヤ教の改革者と自認していました。

イエスの言動は新約聖書の福音書に記され伝えられており、これにより彼
の生涯の大要を知ることができます。イエスは、神からつかわされて救いを
告知する神の子（メシア）を自認し、神の国の到来と、特に貧困、病人、罪
人の解放の福音を述べ伝えたほか、多くの癒やしの奇跡によって悩める人々
を救ったとされています。

しかし、形骸化した律法に固執する当時のユダヤ教指導者の偽善を厳しく
批判し、律法からの解放と真の隣人愛を説いたため、彼らからローマに対す
る反逆人として訴えられ、紀元30年頃、エルサレム郊外で十字架刑に処せ
られました。

かくしてイエスは亡くなったのですが、女性らが遺体に香油を塗ろうと墓
に行ったところ遺体がなくなっており、そこに天使の姿をしたイエスが現れ
て「イエスは復活した」と告げたのでした。その話を聞いた弟子たちは最初
こそそれを信じていませんでしたが、その後「イエスが復活したとしか考え
られない男性」と実際に言葉を交わすことができたため、イエスの復活を確
信するに至りました。こうして弟子たちは彼を救世主（メシア）とする信仰
を固めました。

イエスの十字架の死により、人類を罪から救う新たな契約（新約）が、旧
約に代わり神から人類に与えられたとされて、キリスト教が始まりました。

第4章

地に足をつける

31 俗に染まらない

兄弟と呼ばれる人で、不品行な者、貪欲な者、偶像礼拝をする者、人をそしる者、酒に酔う者、略奪をする者があれば、そんな人と交際をしてはいけない、食事を共にしてもいけない。

（コリント人への第一の手紙 5:11）

単語・熟語（書いて覚えよう）

relations	（人と人との）交際	*relations*
se nommer (← *se nommant*)	と呼ばれる	*se nommer*
impudique	みだらな	*impudique*
cupide	貪欲な	*cupide*
idolâtre	偶像崇拝の	*idolâtre*
outrageux	侮辱的な	*outrageux*
ivrogne	酒飲みの	*ivrogne*
ravisseur	奪う	*ravisseur*
tel	そのような	*tel*

ワンポイントアドバイス

tel は「そのような」という意味の言葉ですが、いろいろな使い方もできます。例を挙げておきましょう。

Tel père, tel fils.　この父にしてこの子あり。　　tel que vous le dites　あなたがおっしゃるように

Tel maître, tel valet.　主人も主人だが従者も従者だ。　　tel que vous me voyez　ご覧のとおり

身近にみだらな人がいたとしても、ある程度は目をつむることも必要。
大切なことは、みだらな人から悪影響を受けないことであることを弁えよう。

Ne pas avoir de relations avec[1] *quelqu'un qui,*
se nommant frère, est impudique, ou cupide,
ou idolâtre, ou outrageux, ou ivrogne, ou ravisseur.
Ne pas même manger avec un tel homme.

1 この箇所は原典では Maintenant, ce que je vous ai écrit, c'est de ne pas avoir des relations avec ～（しかし、わ
たしが実際に書いたのは、…と交際をしてはいけない）で始まっているが、パウロのメッセージのみを抽出し、ne pas
avoir des ～の箇所を否定の命令形で始めてある。そのため n を大文字で始め、des を de に変えてある。

32 身の丈に合った目標を追う

わたしは、自分に与えられた恵みによって、あなたがたひとりびとりに言う。思うべき限度を越えて思いあがることなく、むしろ、神が各自に分け与えられた[2]信仰の量りにしたがって、慎み深く思うべきである。

（ローマ人への手紙 12:3）

単語・熟語（書いて覚えよう）

trop	あまりに	trop
sentiment	感情	sentiment
modeste	謙虚な	modeste
selon	〜にしたがって	selon
mesure	尺度	mesure
départir（← départie）	分かち与える	départir

ワンポイントアドバイス

haut は「高い」という意味ですが、「丈が高い」「高所の」「高地の」「（水位が）高い」「（声が）高い」「（程度が）高い」「（価格が）高い」「（評価が）高い」「（身分が）高い」「（品位が）高い」など多くの意味で使えます。

*Par la grâce qui m'a été donnée, je dis à chacun
de vous de n'avoir pas de lui-même une trop haute
opinion, mais de revêtir des sentiments modestes,
selon la mesure de foi que Dieu a départie à chacun.*

2　すべては神から与えられるものであるから、「神から与えられたもの」を超えたものを求めようとせず、身の丈に合った生き方をすべきという意味である。

33 堅実に生きる

あなたがたに命じておいたように[3]、つとめて落ち着いた
生活をし、自分の仕事に身をいれ、手ずから働きなさい。
そうすれば、外部の人々に対して品位を保ち、まただれ
の世話にもならずに、生活できるであろう。

（テサロニケ人への第一の手紙 4:11-12）

🖋 単語・熟語（書いて覚えよう）

honneur	節操	*honneur*
vivre	生きる	*vivre*
tranquille	穏やかな	*tranquille*
occuper	（仕事に）従事させる	*occuper*
propre	自分自身の	*propre*
affaire	仕事	*affaire*
recommander (← *recommandé*)	推奨する	*recommander*
se conduire	行動する	*se conduire*
honnêtement	誠実に	*honnêtement*

🦜 ワンポイントアドバイス

honneur には「信義」「節操」「貞節」などの意味があります。この意味で使われる例を挙げておきましょう。

homme d'honneur　信義に厚い人

homme sans honneur　無節操な男

code de l'honneur　作法

倹約し、勤勉に働き、貯蓄し、投資して利子を得よう。
そうすれば貧しくなることもなく、品位ある生活ができる。

Mettre votre honneur à vivre tranquilles, à vous occuper de vos propres affaires, et à travailler de vos mains, comme nous vous l'avons recommandé, en sorte que vous vous conduisiez honnêtement envers ceux du dehors, et que vous n'ayez besoin de personne.

Mettre votre honneur à vivre tranquilles, à vous occuper de vos propres affaires, et à travailler de vos mains, comme nous vous l'avons recommandé, en sorte que vous vous conduisiez honnêtement envers ceux du dehors, et que vous n'ayez besoin de personne.

3　パウロはこの手紙を書く以前にテサロニケの信徒に手紙を書いており、それを思い出させようとしている。

34 自分を偉いと思わない

　もしある人が、事実そうでないのに、自分が何か偉い者であるように思っているとすれば、その人は自分を欺いているのである。ひとりびとり、自分の行いを検討してみるがよい。そうすれば、自分だけには誇ることができても、ほかの人には誇れなくなるであろう。人はそれぞれ、自分自身の重荷[4]を負うべきである。

（ガラテヤ人への手紙 6:3-5）

単語・熟語（書いて覚えよう）

penser（← *pense*）	考える	*penser*
quelque chose	大した人物	*quelque chose*
quoique	〜であるけれども	*quoique*
s'abuser（← *s'abuse*）	思い違いをする	*s'abuser*
alors	そこで	*alors*
se glorifier	自慢する	*se glorifier*
seul	唯一の	*seul*
par rapport à	〜との関連で	*par rapport à*
fardeau	重荷	*fardeau*

ワンポイントアドバイス

quelque は「何か」「ある物」という意味ですが、使い方によってニュートラルなニュアンスにもなれば、ポジティブ、ネガティブなニュアンスにもなります。

自分の言動を振り返ってみよう。
他人に自慢をするのは止めよう。

Si quelqu'un pense être quelque chose, quoiqu'il ne soit rien, il s'abuse lui-même. Que chacun examine ses propres oeuvres, et alors il aura sujet de se glorifier pour lui seul, et non par rapport à autrui; car chacun portera son propre fardeau.

4　主として「道徳的な重荷」のことを指している。

35 困難な道を選ぶ

狭い門[5]からはいれ。滅び[6]にいたる門は大きく、
その道は広い。そして、そこからはいって行く
者が多い。命にいたる門は狭く、その道は細い。
そして、それを見いだす者が少ない。

(マタイによる福音書 7:13-14)

🕊 単語・熟語（書いて覚えよう）

par	〜を通って	*par*
étroite	狭い	*étroite*
porte	門	*porte*
spacieux	広々とした	*spacieux*
chemin	道	*chemin*
mener (← *mènent*)	〜に連れて行く	*mener*
perdition	滅び	*perdition*
il y en a qui	〜する人がいる	*il y en a qui*
resserré	狭くなった	*resserré*
vie	生命	*vie*

🔁 ワンポイントアドバイス

il y en a qui で「〜する人がいる」という意味になりますが、この場合の en は des gens の意味です。

「困難だが誠実な選択肢」と「容易だが不誠実な選択肢」があれば、
迷わず前者を選ぼう。

Entrez par la porte étroite. Car large est la porte, spacieux est le chemin qui mènent à la perdition, et il y en a beaucoup qui entrent par là. Mais étroite est la porte, resserré le chemin qui mènent à la vie, et il y en a peu qui les trouvent.

---

5 「狭い門」は「人生」の意味として使われている。
6 「滅び」は「地獄」という意味で使われている。

36 努力を惜しまない

少ししかまかない者は、少ししか刈り取らず、
豊かにまく者は、豊かに刈り取ることになる。
各自は惜しむ心からでなく、また、しいられて
でもなく、自ら心で決めたとおりにすべきである。

(コリント人への第二の手紙 9:6-7)

単語・熟語（書いて覚えよう）

semer（← *sème*）	（種などを）まく	*semer*
moissonner（← *moissonnera*）	刈り入れる	*moissonner*
abondamment	豊富に	*abondamment*
donner（← *donne*）	与える	*donner*
résoudre（← *résolu*）	決心する	*résoudre*
tristesse	憂い	*tristesse*
contrainte	強制	*contrainte*

ワンポイントアドバイス

chacun は「各々」という意味ですが、この言葉を使った慣用句を紹介しておきましょう。

Chacun (a) ses goûts.（たで食う虫も好き好き。）

A chacun sa vérité.（ものの見方は人それぞれである。）

Chacun pour soi et Dieu pour tous.（各人は自分のために、神は万人のために。）

Chacun son métier (et les vaches seront bien gardées).（それぞれがちゃんと自分の仕事をすればすべてうまくいく。）

努力を惜しまないようにしよう。
努力を惜しまなければ、努力に見合ったものが手に入る。

第 4 章

Sachez-le, celui qui sème peu moissonnera peu, et celui qui sème abondamment moissonnera abondamment. Que chacun donne comme il l'a résolu en son coeur, sans tristesse ni contrainte.

Sachez-le, celui qui sème peu moissonnera peu, et celui qui sème abondamment moissonnera abondamment. Que chacun donne comme il l'a résolu en son coeur, sans tristesse ni contrainte.

37 知恵を求め賢明になる

知恵[7]を求めて得る人、／悟りを得る人はさいわいである。／知恵によって得るものは、／銀によって得るものにまさり、／その利益は精金よりも良いからである。

（箴言 3:13-14）

単語・熟語（書いて覚えよう）

heureux	幸せな	*heureux*
sagesse	賢明さ	*sagesse*
intelligence	知恵	*intelligence*
gain	利益	*gain*
procurer（← *procure*）	手に入れさせる	*procurer*
préférable à	～より好ましい	*préférable à*
argent	金銭	*argent*
valoir（← *vaut*）	価値がある	*valoir*

ワンポイントアドバイス

sagesse は「賢明さ」という意味の単語ですが、聖書関連でこの単語が使われている表現を見てみましょう。

don de sagesse　（ユダヤ教・キリスト教での）叡智の賜物

sept dons du Saint-Esprit　聖霊の7つの賜物

live de (la) Sagesse　「（旧約聖書の）知恵の書」

賢明になろう。
賢明になるほうが、金持ちになるより、遙かに将来性がある。

Heureux l'homme qui a trouvé la sagesse, Et l'homme qui possède l'intelligence! / Car le gain qu'elle procure est préférable à celui de l'argent, Et le profit qu'on en tire vaut mieux que l'or.

Heureux l'homme qui a trouvé la sagesse, Et l'homme qui possède l'intelligence! / Car le gain qu'elle procure est préférable à celui de l'argent, Et le profit qu'on en tire vaut mieux que l'or.

7 「知恵」は「神が与える賜物」とされている。

38 必要なときは助けを求める

　求めよ[8]、そうすれば、与えられるであろう。捜せ、そうすれば、見いだすであろう。門をたたけ、そうすれば、あけてもらえるであろう。すべて求める者は得、捜す者は見いだし、門をたたく者はあけてもらえるからである。あなたがたのうちで、自分の子がパンを求めるのに、石を与える者があろうか。

（マタイによる福音書 7:7-9）

単語・熟語 (書いて覚えよう)

ouvrir	開ける	*ouvrir*
recevoir (← reçoit)	受け取る	*recevoir*
celui	〜の人	*celui*
pierre	石	*pierre*
fils	息子	*fils*
pain	パン	*pain*

ワンポイントアドバイス

pain bénit といえば、カトリックで「（特別の機会に信者に配られる）祝別されたパン」を指します。また、pain de vie といえば、「聖体のパンあるいはキリストの教え」のことを指します。

自分でできることは自分でやろう。

でも、どうしても助けが必要なときは自ら助けを求めてみよう。

Demandez, et l'on vous donnera; cherchez, et vous trouverez; frappez, et l'on vous ouvrira. Car quiconque demande reçoit, celui qui cherche trouve, et l'on ouvre à celui qui frappe. Lequel de vous donnera une pierre à son fils, s'il lui demande du pain?

---

8 「求めよ」に相当する原典のギリシャ語は「求め続けよ」という意味に近い。同様に「捜せ」は「捜し続けよ」、「門をたたけ」は「門をたたき続けよ」という意味に近い。

39 仕事に意義を見いだす

聞くところによると、あなたがたのうちのある者は怠惰な生活を送り、働かないで、ただいたずらに動きまわっているとのことである。こうした人々に対しては、静かに働いて自分で得たパンを食べるように、主イエス・キリストによって命じまた勧める。

(テサロニケ人への第二の手紙 3:11-12)

単語・熟語（書いて覚えよう）

s'occuper（← s'occupent）	時間を費やす	s'occuper
futilité	くだらなさ	futilité
paisiblement	穏やかに	paisiblement

ワンポイントアドバイス

futilité は「くだらない」という意味の futile の名詞形ですが、futile の類義語に「愚かである」というニュアンスの absurde や stupide が、「無益である」というニュアンスの inutile や vain(e) などがあります。

9　フランス語の原文には、この後に「, cependant,」が続くが、ここでは文意を考えて省略している。

楽な生活ではなく、勤勉な生活を送ろう。
勤勉に働く中に喜びを見いだすほうが、
安楽に生きる喜びより何倍も喜びが大きい。

第 4 章

Nous apprenons [9] (...) qu'il y en a parmi vous quelques-uns qui vivent dans le désordre, qui ne travaillent pas, mais qui s'occupent de futilités. Nous invitons ces gens-là, et nous les exhortons par le Seigneur Jésus-Christ, à manger leur propre pain, en travaillant paisiblement.

Nous apprenons qu'il y en a parmi vous quelques-uns qui vivent dans le désordre, qui ne travaillent pas, mais qui s'occupent de futilités. Nous invitons ces gens-là, et nous les exhortons par le Seigneur Jésus-Christ, à manger leur propre pain, en travaillant paisiblement.

93

40 勤勉になる

なまけ者よ、ありのところへ行き、／そのすることを
見て、知恵を得よ。／ありは、かしらなく、つかさなく、
王もないが、／夏のうちに食物をそなえ、／刈入れ
の時に、かてを集める。

(箴言 6:6-8)

📖 単語・熟語（書いて覚えよう）

fourmi	アリ	*fourmi*
paresseux	怠惰な	*paresseux*
considère	よく見る	*considère*
voie	道	*voie*
inspecteur	視察官	*inspecteur*
maître	主人	*maître*
préparer (← *prépare*)	準備する	*préparer*
été	夏	*été*
nourriture	食物	*nourriture*
pendant	〜の間	*pendant*
moisson	収穫物	*moisson*

🐦 ワンポイントアドバイス

「夏に」というときは、en été、「冬に」というときは、en hiver、「秋に」というときは、en automne と
いいますが、「春に」というときは、en ではなく au をつけて au printemps といいますので注意しましょう。

94

安楽な生活を望むのは止めよう。
勤勉な生活こそ、幸せの源泉である。

Va vers la fourmi, paresseux; Considère ses voies,
et deviens sage. / Elle n'a ni chef, ni inspecteur, ni maître; /
Elle prépare en été sa nourriture, Elle amasse pendant
la moisson de quoi manger.

Va vers la fourmi, paresseux; Considère ses voies,
et deviens sage. Elle n'a ni chef, ni inspecteur, ni maître;
Elle prépare en été sa nourriture, Elle amasse pendant
la moisson de quoi manger.

聖 書 の 基 礎 知 識 ❹

[パウロ（紀元前 10 年頃〜紀元 65 年頃）]

　パウロ[10]はキリスト教史上最大の使徒・聖人といわれています。彼は小ア
ジア・タルソスのユダヤ人家庭に生まれ、生後 8 日目に割礼を受けてユダヤ
教徒による厳格な教育を受け、パリサイ主義[11]を至上のものとして信じ、キ
リスト教を迫害していました。

　そんな彼でしたが、キリスト教徒迫害のためエルサレムからダマスカスに
行く途中、「サウロ、サウロ、なぜわたしを迫害するのか」（使徒行伝 9:4）
という天からのイエスの声を聞いて回心し、キリスト教迫害者から宣教者へ
と転向したのでした。

　彼はこの回心をきっかけとして伝道者としての生活に入り、特に異邦人へ
の布教を使命として小アジア、マケドニアなどへ伝道を行ないました。彼の
伝道によりキリスト教がユダヤ教から世界へと脱皮するきっかけとなったこ
とは特筆に値します。彼の宣教の中心は、キリストと共に死に、またキリス
トと共に生きる恵みを伝えることでした。新約聖書に収録されている 21 通の
書簡のうち、彼が書いた書簡は 13 通にも及びます。

　しかし、第 3 回目の伝道旅行を終えてエルサレムに着いたパウロは、反対
派の律法主義者らの扇動により騒がれ、訴えられ 2 年間の監禁状態におかれ
ました。しかしこれにより彼は弁明する機会が得られたのでした。

　その後、ローマ皇帝カイザルに上訴し、困難な地中海の航海をなしてロー
マに送られ、入獄生活を強いられた後、ローマ皇帝ネロの迫害によって殺さ
れました。

10　ヘブライ名はサウロという。
11　律法を厳格に守り、細部に至るまで忠実に実行することによって神の正義の実現を追及
　　するのを是とする主義。

第 5 章

欲を手放す

41 物に執着しない

あらゆる貪欲[1]に対してよくよく警戒しなさい。たといたくさんの物を持っていても、人のいのちは、持ち物にはよらないのである。

（ルカによる福音書 12:15）

単語・熟語（書いて覚えよう）

se garder	用心する	*se garder*
soin	注意	*soin*
avarice	貪欲	*avarice*
dépendre（← *dépend*）	しだいである	*dépendre*

ワンポイントアドバイス

avarice（貪欲）は7つの大罪（Sept péchés capitaux）の1つです。

他の6つは以下のとおりです。

orgueil　傲慢

envie　羨望

colère　憤怒

luxure　色欲

gourmandise　暴食

paresse　怠惰

たくさん持つことよりも、善い人間になることを目指そう。
不思議なことに、そのほうがたくさん持てる。

Gardez-vous avec soin de toute avarice; car la
vie d'un homme ne dépend pas de ses biens,
fût-il dans l'abondance.

---

1 貪欲はキリストが挙げた 12 の悪徳の 1 つである。

42 謙虚になる

あなたがたのうちでいちばん偉い者は、仕える人でなければならない。だれでも自分を高くする者は低くされ、自分を低くする者は高くされるであろう。

(マタイによる福音書 23:11-12)

単語・熟語 (書いて覚えよう)

plus	より多く	*plus*
parmi	〜の間で	*parmi*
serviteur	仕えるもの	*serviteur*
élever (← *élèvera*)	高くする	*élever*
abaisser	低くする	*abaisser*

ワンポイントアドバイス

parmi は「〜の間で」という意味ですが、3つ以上の間のものの場合に使います。2つだけの場合は、parmi ではなく、entre を使います。

偉くなろうとするのは止めよう。
それよりも他人に奉仕できる人になることを考えよう。
他人に奉仕できる人がじつは一番偉いのだから。

第 5 章

Le plus grand parmi vous sera votre serviteur.
Quiconque s'élèvera sera abaissé, et quiconque
s'abaissera sera élevé.

43 質素な生活に満足する

わたしたちは、何ひとつ持たないでこの世にきた。また、何ひとつ持たないでこの世を去って行く。ただ衣食があれば、それで足れりとすべきである。

（テモテへの第一の手紙 6:7-8）

🪶 **単語・熟語**（書いて覚えよう）

apporter（← *apporté*）	持って来る	*apporter*
évident	明らかな	*évident*
emporter	持って行く	*emporter*
vêtement	衣服	*vêtement*
suffire（← *suffira*）	十分である	*suffire*

🌀 **ワンポイントアドバイス**

最低限の生活物資という意味で「衣食」を le vivre et le couvert という言い方もあります。また、「衣食住」を l'alimentation, l'habillement et le logement という言い方もあります。

死んだあと、お金をあの世に持っていけない。
お金をためようとするのはいいかげんにしておこう。

Nous n'avons rien apporté dans le monde,
et il est évident que nous n'en pouvons rien
emporter; si donc nous avons la nourriture et
le vêtement, cela nous suffira.

44 誘惑に気をつける

だれでも誘惑に会う場合、「この誘惑は、神から
きたものだ」と言ってはならない。神は悪の誘惑
に陥るようなかたではなく、また自ら進んで人を誘
惑することもなさらない。人が誘惑に陥るのは、
それぞれ、欲に引かれ、さそわれるからである[2]。

(ヤコブの手紙 1:13-14)

単語・熟語（書いて覚えよう）

tenter（← tenté）	誘惑する	tenter
attirer（← attiré）	魅惑する	attirer
amorcer（← amorcé）	おびき寄せる	amorcer

ワンポイントアドバイス

lorsque は il(s), elle(s), on, un(e) の前で使うときは常に lorsqu' と変化します。また、母音字で始まる他の語（en, ainsi, enfin など）の前で使うときも lorsqu' と変化することがあります。

2　自己中心的な欲望が人々を罪の法則に仕えさせ、罪が支払う報酬は死である。

誘惑に陥る原因は自分自身の弱さにあって、それ以外にはない。
誘惑に陥ったら自分自身を反省し、誘惑に陥らない強い自分を作ろう。

Que personne, lorsqu'il est tenté, ne dise:
C'est Dieu qui me tente. Car Dieu ne peut
être tenté par le mal, et il ne tente lui-même
personne. Mais chacun est tenté quand il est
attiré et amorcé par sa propre convoitise.

45 富は人のために使う

富んでいる者が天国にはいるのは、むずかしいものである。また、あなたがたに言うが、富んでいる者が神の国にはいるよりは、らくだ[3]が針の穴を通る方が、もっとやさしい。

（マタイによる福音書 19:23-24）

 単語・熟語（書いて覚えよう）

difficilement	難しい	difficilement
encore	再び	encore
facile	やさしい	facile
chameau	ラクダ	chameau
trou	穴	trou
aiguille	（裁縫用の）針	aiguille

🌀 ワンポイントアドバイス

encore はここでは「再び」という意味で使われていますが、「まだ＝ déjà」「それ以上に」「一段と」「しかし」などの意味もあります。

*Un riche entrera difficilement dans le royaume
des cieux. Je vous le dis encore, il est plus facile à
un chameau de passer par le trou d'une aiguille
qu'à un riche d'entrer dans le royaume de Dieu.*

3　ラクダは荷物を運搬するときに用いられ、ラクダの毛はテントや衣服を作るのに使われた。

46 本当に頼りになるものを身につける

むしろ自分のため、虫も食わず、さびもつかず、また、盗人らが押し入って盗み出すこともない天に、宝をたくわえなさい。あなたの宝のある所には、心もあるからである。

（マタイによる福音書 6:20-21）

単語・熟語（書いて覚えよう）

trésor	宝	*trésor*
voleur	泥棒	*voleur*
percer（← percent）	かき分けて進む	*percer*

ワンポイントアドバイス

trésor は「宝」「貴重なもの」「宝典」などの意味がありますが、「大金」や「（芸術作品などの）貴重なコレクション」という意味で使うときは、通常、trésors と複数形にします。

お金・地位・名誉…といった"頼りになるとは限らないもの"ではなく、
誠実さ・勇気・忍耐力…といった"本当に頼りになるもの"を身につけよう。

Amassez-vous des trésors dans le ciel, où la teigne et la rouille ne détruisent point, et où les voleurs ne percent ni ne dérobent. Car là où est ton trésor, là aussi sera ton coeur.

47　褒められようとしない

自分の義[4]を、見られるために人の前で行わないように、注意しなさい。もし、そうしないと、天にいますあなたがたの父から報いを受けることがないであろう。

（マタイによる福音書 6:1）

 単語・熟語（書いて覚えよう）

se garder de	用心する	se garder de
pratiquer	実施する	pratiquer
vu	見られた	vu
autrement	もなければ	autrement
auprès de	〜のそばに	auprès de

ワンポイントアドバイス

vu を使った慣用表現を見てみましょう。

ni vu ni connu　知られることなく

double vue　透視力

avoir vu le loup　世間を知っている

se perdre de vue　疎遠になる

point de vue　視点

良い行ないは黙って行なおう。
黙って行なってはじめて高い価値が生まれる。
人に褒められたいがために行なっていると、やがて人から疎まれる。

Gardez-vous de pratiquer votre justice devant
les hommes, pour en être vus; autrement, vous
n'aurez point de récompense auprès de votre Père
qui est dans les cieux.

---

4 ここでいう「義」は貧しい人々に施しをすることを指しているが、この聖句を自分の教訓として活かすのなら「義」を「良い行ない」と読み替えても良いであろう。

48 欲に振り回されない

地上の肢体[5]、すなわち、不品行、汚れ、情欲、悪欲、また貪欲を殺してしまいなさい。（略）これらのことのために、神の怒りが下るのである。

（コロサイ人への手紙 3:5-6）

単語・熟語（書いて覚えよう）

désir	欲望	*désir*
cause	原因	*cause*
rébellion	反逆	*rébellion*

ワンポイントアドバイス

désir が使われた表現を挙げておきましょう。

désir ardent　渇望

désir fugitif　一時の欲望

désir des richesses　金銭欲

désir de réussir　成功欲

désir de savoir　好奇心

Faites donc mourir les membres qui sont sur la terre, l'impudicité, l'impureté, les passions, les mauvais désirs, et la cupidité (...)[6]. C'est à cause de ces choses que la colère de Dieu vient sur les fils de la rébellion.

Faites donc mourir les membres qui sont sur la terre, l'impudicité, l'impureté, les passions, les mauvais désirs, et la cupidité. C'est à cause de ces choses que la colère de Dieu vient sur les fils de la rébellion.

5　「地上の肢体」の箇所を「地上的なもの」と訳している訳本『新共同訳聖書　聖書辞典』もある。
6　原典では , qui est une idolâtrie だが、本書では省略した。

49 よこしまな考えを捨てる

　もしあなたの右の目が罪を犯させるなら、それを抜き出して捨てなさい。五体の一部を失っても、全身が地獄に投げ入れられない方が、あなたにとって益である。もしあなたの右の手が罪を犯させるなら、それを切って捨てなさい。

（マタイによる福音書 5:29-30）

🪶 単語・熟語（書いて覚えよう）

occasion	機会	occasion
chute	堕落	chute
arracher (← *arrache*)	抜き取る	arracher
loin	遠くに	loin
avantageux	有利な	avantageux
périr (← *périsse*)	滅びる	périr
couper (← *coupe*)	切る	couper

🌀 ワンポイントアドバイス

chute には「転落」「落下」「滝」「低下」などたくさんの意味があります。「堕落」という意味で使う場合もあり、「アダムの堕罪」を chute d'Adam、「天使の堕落（神に対する天使の反逆）」を chute des Anges といいます。

やってはならないことには手を出すのを止めよう。
もしやってしまったのなら、すぐ反省し、二度とやらないようにしよう。

Si ton oeil droit est pour toi une occasion de chute, arrache-le et jette-le loin de toi; car il est avantageux pour toi qu'un seul de tes membres périsse, et que ton corps entier ne soit pas jeté dans la géhenne. Et si ta main droite est pour toi une occasion de chute, coupe-la et jette-la loin de toi.

Si ton oeil droit est pour toi une occasion de chute, arrache-le et jette-le loin de toi; car il est avantageux pour toi qu'un seul de tes membres périsse, et que ton corps entier ne soit pas jeté dans la géhenne. Et si ta main droite est pour toi une occasion de chute, coupe-la et jette-la loin de toi.

50 物惜しみせず分かち合う

　施し散らして、なお富を増す人があり、／与える
べきものを惜しんで、／かえって貧しくなる者が
ある。／物惜しみしない者は富み、／人を潤す
者は自分も潤される。

（箴言 11:24-25）

単語・熟語（書いて覚えよう）

libéralement	気前よく	*libéralement*
épargner（← *épargne*）	倹約する	*épargner*
à l'excès	過度に	*à l'excès*
s'appauvrir	貧しくなる	*s'appauvrir*
âme	～の心の持ち主	*âme*
bienfaisant	恩恵をもたらす	*bienfaisant*
rassasié	満腹した	*rassasié*

ワンポイントアドバイス

excès を使った表現を挙げておきましょう。

excès de table　暴飲暴食、excès de langage　ぶしつけな言葉

excès de conduite　不品行、excès de pouvoir　職権濫用

賢明にお金を使えるようになろう。
使うところにはたっぷり使い、節約すべきときは節約しよう。

Tel, qui donne libéralement, devient plus riche; Et tel, qui épargne à l'excès, ne fait que s'appauvrir. / L'âme bienfaisante sera rassasiée, Et celui qui arrose sera lui-même arrosé.

Tel, qui donne libéralement, devient plus riche; Et tel, qui épargne à l'excès, ne fait que s'appauvrir. L'âme bienfaisante sera rassasiée, Et celui qui arrose sera lui-même arrosé.

聖書の基礎知識 ❺

[古い戒めとイエスの教え]

　イエスはガリラヤ湖を望む丘に登り、弟子たちや集まった群衆に向かって説教を行ないました。これは後の神学者アウグスティヌス[7]によって山上の説教[8]と呼ばれ、その言葉が定着しました。

　イエスはこの山上の説教で古い教えを改め、新しい教えを説いています。イエスの説教の真骨頂といってもいいでしょう。その例を箇条書きにして挙げましょう。

①「殺してはいけない」→「腹を立ててはいけない。兄弟に腹を立てる者はだれでも裁きを受ける」

②「姦淫するな」→「みだらな思いで他人の妻を見る者はだれでも、既に心の中でその女を犯したのである」

③「離縁のときは離縁状を渡せ」→「離縁してはいけない。不法な結婚でもないのに妻を離縁する者は、その女に姦通の罪を犯させることになる。離縁された女を妻にする者も、姦通の罪を犯すことになる」

④「偽りの誓いをするな」→「いっさい誓ってはならない」

⑤「目には目を、歯には歯を」→「悪人に手向かってはならない。だれかがあなたの右の頬を打つなら、左の頬をも向けなさい」

⑥「隣人を愛し敵を憎め」→「敵を愛し、自分を迫害する者のために祈りなさい」

　イエスの説教を聞いた弟子たちは、その重みをかみしめ、布教に励みました。

7　初期西方キリスト教会の教父。彼の神学と哲学的思索は中世のみならず後世のキリスト教思想の展開に多大な影響を与えた。

8　「山上の垂訓」とも呼ばれる。

索　引

参考文献

『新訳聖書 スタディ版 わかりやすい解説つき聖書 新共同訳』（日本聖書協会、2004 年）

『The NIV Study Bible: New International Version』(Zondervan、2011 年)

『新共同訳 聖書辞典』（新教出版社、2017 年）

『入門 キリスト教（洋泉社 MOOK）』（洋泉社、2012 年）

『楽しく学べる 聖書入門』（関田寛雄監修、ナツメ社、2011 年）

［著者プロフィール］

宮 崎 伸 治

青山学院大学国際政経学部卒、英シェフィールド大学大学院言語学研究科
修了、金沢工業大学大学院工学研究科修了、慶應義塾大学文学部卒、英ロ
ンドン大学哲学部卒および神学部サーティフィケート課程修了、日本大学法
学部および商学部卒。著訳書は約 60 冊にのぼる。著書に『出版翻訳家なん
てなるんじゃなかった日記』（三五館シンシャ）、『自分を変える！　大人の
学び方大全』（世界文化社）、『時間錬金術』（ディスカヴァー・トゥエンティ
ワン）が、訳書に『7 つの習慣 最優先事項』（キングベアー出版）などがある。

フランス語聖書なぞるだけ

2024 年 2 月 26 日初版第 1 刷発行

著者　　　　宮崎伸治

発行者　　　安在美佐緒

発行所　　　雷鳥社
　　　　　　〒 167-0043　東京都杉並区上荻 2-4-12
　　　　　　TEL 03-5303-9766 ／ FAX 03-5303-9567
　　　　　　http://www.raichosha.co.jp ／ info@raichosha.co.jp
　　　　　　郵便振替　00110-9-97086

デザイン　　折原カズヒロ
印刷・製本　株式会社丸井工文社
編集　　　　庄子快

ISBN 978-4-8441-3802-0 C0085